El agua en nuestro mundo

Precious McKenzie

Rourke
Educational Media

rourkeeducationalmedia.com

www.rourkeeducationalmedia.com

PHOTO CREDITS: Cover: © Dim154; Title Page: © Blojfo; Page 4: © Jan Rysavy; Page 5: © Shupian; Page 6: © Sergei Popov, © Lukasz Gonerski; Page 7: © Dannyphoto80; Page 8: © Juergen Sack; Page 9: © Graham Prentice; Page 10: © Alex Gulevich; Page 11: © Lee Torrens; Page 12 © Gary Blakeley; Page 13 © Ivan Bajic, Ari Sanjaya, Lisegagne; Page 14: © Lisa Thornberg; Page 15: © Peter Leahy, Albert kok: Wikipedia, Tommy Schultz, stphillips; Page 16: © Wikipedia, NOAA, Davidyoung11111, Luna Vandoorne Vallejo, Page 17: © Darren Bradley; Page 18: © US Fish & Wildlife; Page 19: © US Coast Guard; Page 20: © Rechitan Sorin; Page 21: © Enrico Fianchini, © Rocio Veltman; Page 22: © Hughstoneian

Edited by Meg Greve
Cover and Interior design by Tara Raymo
Translation by Dr. Arnhilda Badía

McKenzie, Precious
El agua en nuestro mundo / Precious McKenzie
 ISBN 978-1-63155-031-7 (hard cover - Spanish)
 ISBN 978-1-62717-398-8 (soft cover - Spanish)
 ISBN 978-1-62717-465-7 (e-Book - Spanish)
 ISBN 978-1-61741-769-6 (hard cover - English) (alk. paper)
 ISBN 978-1-61741-971-3 (soft cover - English)
 ISBN 978-1-61236-682-1 (e-Book - English)
 Library of Congress Control Number: 2014941513

Printed in China, FOFO I - Production Company
 Shenzhen, Guangdong Province

Also Available as:

ROURKE'S
e-Books

Rourke
Educational Media

rourkeeducationalmedia.com
customerservice@rourkeeducationalmedia.com • PO Box 643328 Vero Beach, Florida 32964

Contenido

El ciclo del agua

¿Sabías que más del 71 por ciento de la superficie de la Tierra es agua?

Sin agua no habría vida en la Tierra.

Los seres humanos, las plantas y los animales, necesitan el agua para mantenerse vivos.

¿De dónde viene toda esa agua?

El agua cae a la Tierra como nieve o como lluvia.

El agua se acumula en los océanos, lagos y ríos.

El ciclo del agua

condensación

precipitación

evaporación

transpiración

Dependemos del agua cada día. La tomamos, cocinamos con ella, y nos bañamos con ella.

En las plantas de tratamiento de agua, los trabajadores limpian y tratan el agua para que se pueda utilizar con seguridad.

El agua y el trabajo

Los agricultores usan el agua para ayudar al crecimiento de los cultivos. Ellos también usan el agua para que pueda beber el ganado.

Si hay una **sequía**, los agricultores no tienen suficiente agua para sus animales y cultivos.

Usamos el agua de los océanos y ríos para transportar a las personas y la **carga**. Los trasatlánticos llevan productos por todo el mundo.

Podemos comprar juguetes de China, chocolate de África y, café de Sudamérica.

Europa

América del Norte

Asia

África

América del Sur

Australia

Antártica

13

Los océanos y los ríos del mundo también están llenos de peces. Ellos proporcionan alimento para muchas personas.

El mero del Atlántico

pez payaso

pez dientes de sierra

Algunas especies de peces están en peligro de extinción debido a la **sobrepesca**.

La vida en el agua

Grandes animales como las ballenas, y criaturas **microscópicas** como el zooplancton, viven en el agua. Cada planta y cada animal tiene un papel importante en la cadena alimentaria.

Las plantas **acuáticas** protegen a los pequeños animales marinos. Los peces grandes y los otros animales se comen a los animales y plantas más pequeños.

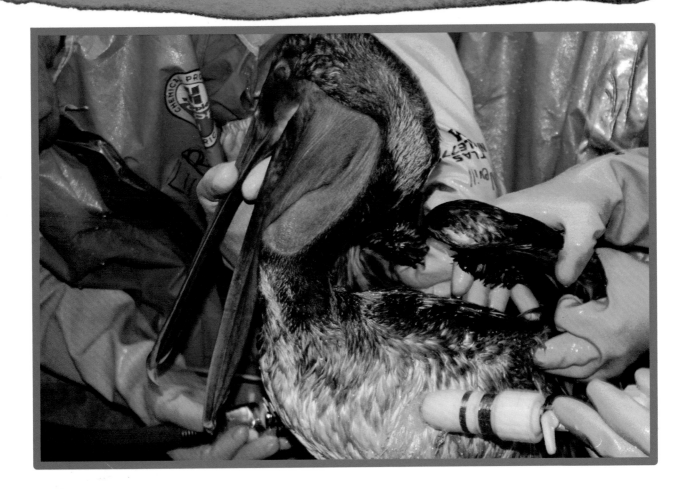

La vida depende del agua. Los desastres como los derrames de petróleo, de desperdicios y de desechos humanos, **contaminan** nuestras vías acuáticas.

La marea negra de esta explosión cubrió más de 4,000 millas (6437 kilómetros) de agua del océano.

En el año 2010, una plataforma de perforación de petróleo en alta mar, la Deepwater Horizon, explotó en el Golfo de México.

Cómo podemos colaborar

Podemos colaborar limpiando y protegiendo nuestro mundo acuático.

Mantén los pesticidas y otros productos químicos dañinos fuera de las vías acuáticas.

Pon la basura en los contenedores, no en el agua ni a lo largo de la costa.

Ofrécete de voluntario en los esfuerzos de limpieza de la costa.

Hay billones de personas en el mundo. Todos necesitamos agua. Tú puedes ayudar a **conservar** el agua y proteger nuestro bello mundo acuático.

Prueba esto

Cierra el grifo del agua mientras cepillas tus dientes. ¡Te sorprenderás de ver cuánta agua puede ahorrar toda la familia si hace esto!

Glosario

acuático: lo que vive o crece en el agua

carga: productos transportados por barcos, camiones o trenes a lugares donde es vendido

conservar: mantener o cuidar algo para que no se desperdicie o pierda

contaminar: ensuciar con desperdicios o productos químicos

microscópico: tan pequeño que solo se puede ver con un microscopio

sequía: periodo de tiempo en que hay poca o ninguna lluvia

sobrepesca: la captura de un gran número de peces que perjudica a una población de peces o un hábitat

Índice

Páginas web para visitar

www.kids.nationalgeographic.com

www.exploretheblue.discoveryeducation.com

www.liveblueinitiative.org

Acerca de la autora

Precious McKenzie vive en la Florida con su esposo, tres niños y dos perros. Ella escribe libros para niños y enseña inglés en la Universidad del Sur de la Florida. En su tiempo libre, ella disfruta haciendo excursiones y nadando.